mamma
mama

papà
papa

bambino
jongen

bambina
meisje

1

uno

een

2

due

twee

3

tre

drie

4

quattro

vier

5

cinque

vijf

6

sei

zes

7

sette

zeven

8

otto

acht

9

nove

negen

10

dieci

tien

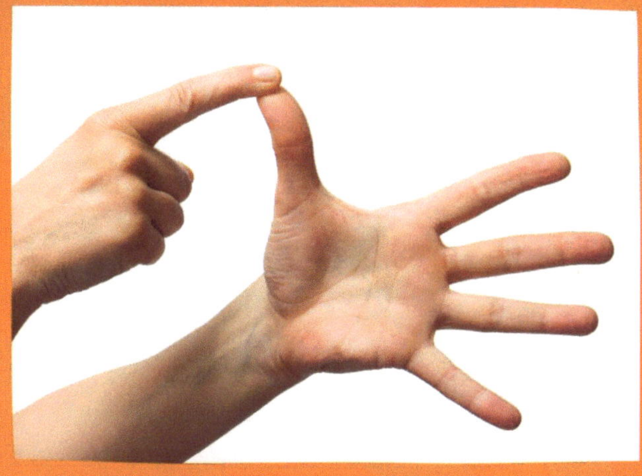

contare

tellen

scrivere

schrijven

disegnare

tekenen

dipingere

schilderen

cerchio

cirkel

quadrato

vierkant

rettangolo

rechthoek

triangolo

driehoek

stella

ster

nero

zwart

bianco

wit

marrone

bruin

rosso

rood

blu

blauw

giallo

geel

verde

groen

viola

paars

grigio

grijs

arancione

oranje

rosa

roze

mela

appel

banana

banaan

ananas

ananas

cocomero

watermeloen

pera

peer

uva

druiven

mango

mango

pesca

perzik

fragola

aardbei

ciliegia

kers

arancia

sinaasappel

cocco

kokosnoot

limone

citroen

fungo

paddenstoel

mais

maïs

pomodoro

tomaat

zucca

pompoen

cetriolo

komkommer

carota

wortel

patata

aardappel

zucchina

courgette

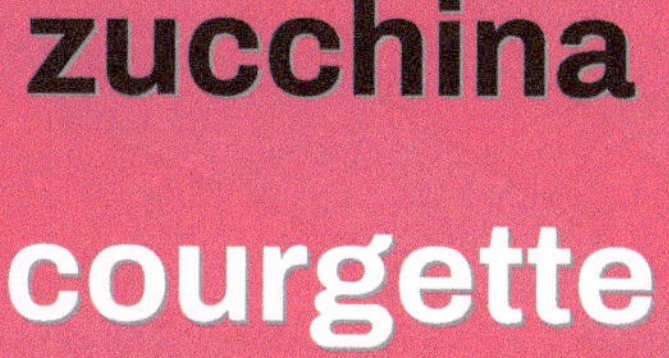

spinacio

spinazie

cavolfiore

bloemkool

uovo

ei

piatto

bord

cucchiaio

lepel

coltello

mes

forchetta

vork

torta

taart

biberon

babyflesje

caramelle

snoepjes

formaggio

kaas

bere

drinken

mangiare

eten

caldo

heet

freddo

koud

piccolo

klein

grande

groot

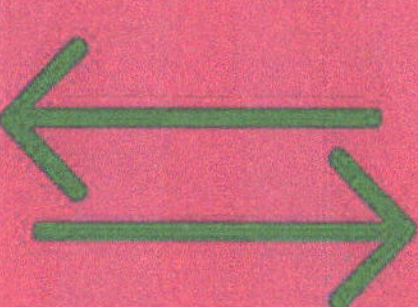

corto

kort

lungo

lang

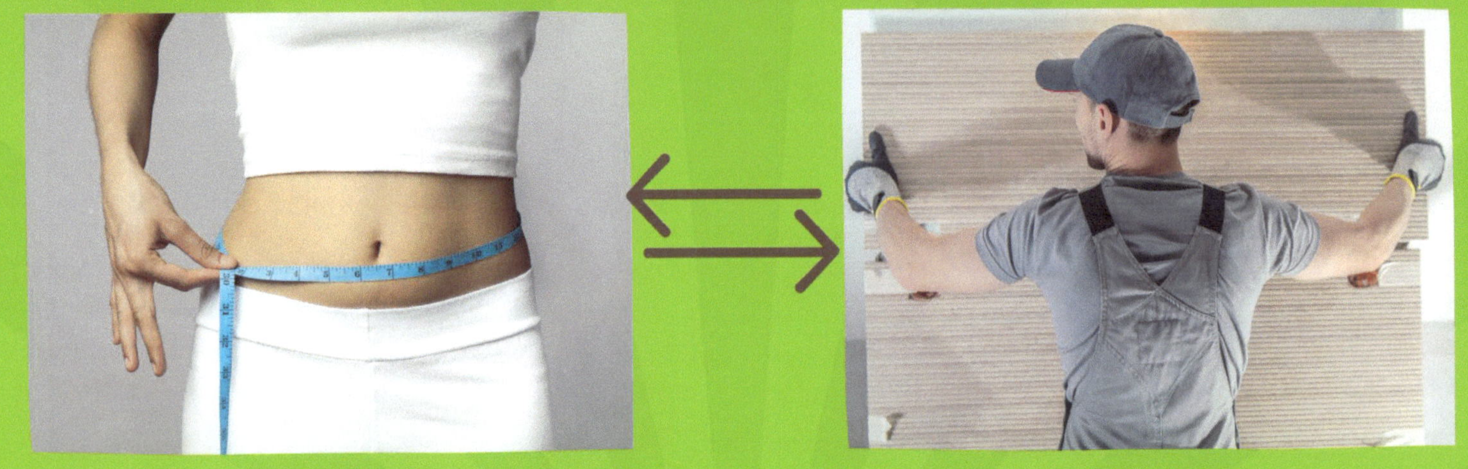

sottile

dun

largo

groot

facile

makkelijk

difficile

moeilijk

alzarsi

opstaan

sedersi

zitten

dolce

zoet

salato

zout

pesante

zwaar

leggero

licht

dentro

erin

fuori

eruit

sporco
vies

pulito
schoon

chiudere
dicht

aprire
open

matite

potloden

orologio

klok

chiave

sleutel

libro

boek

letto

bed

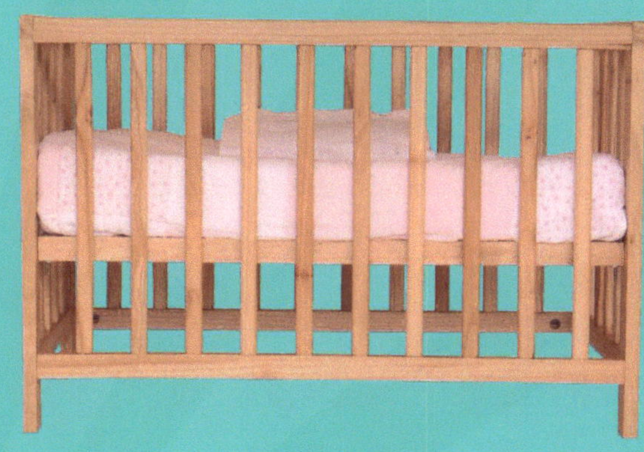

culla

wieg

tavolo

tafel

sedia

stoel

automobile

auto

bicicletta

fiets

aereo

vliegtuig

barca

boot

treno

trein

elicottero

helikopter

camion dei pompieri

brandweerwagen

pompiere

brandweerman

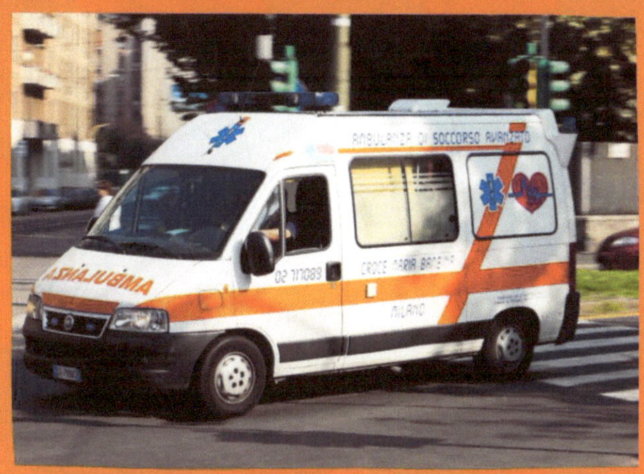

ambulanza

ambulance

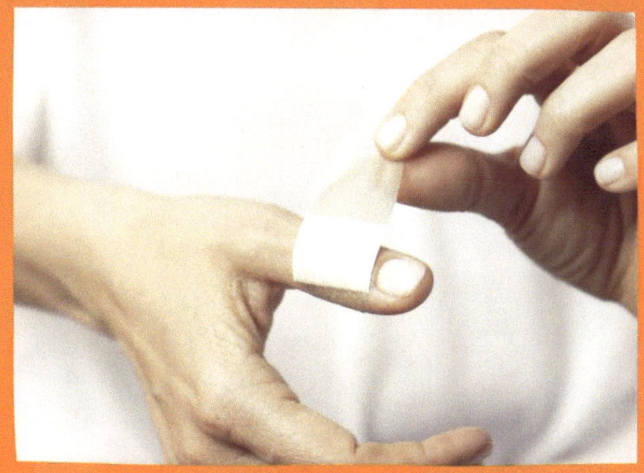

benda

verband

paramedico

paramedicus

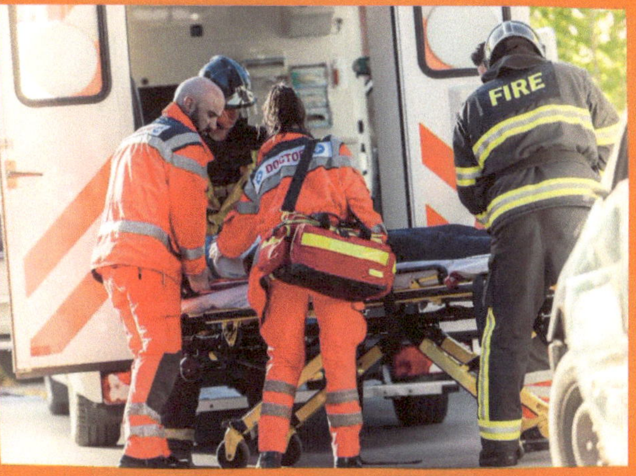

squadra di soccorso

reddingsteam

foresta

bos

montagna

berg

erba

gras

sabbia

zand

albero

boom

fiore

bloem

farfalla

vlinder

formica

mier

gatto

kat

cavallo

paard

cane

hond

topo

muis

mucca

koe

maiale

varken

pecora

schaap

anatra

eend

oca

gans

coniglio

konijn

pesce

vis

veterinario

dierenarts

dottore

dokter

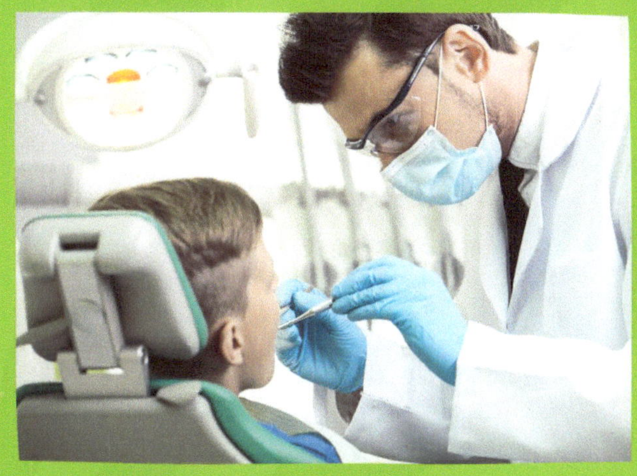

dentista

tandarts

farmacista

apotheker

infermiere

verpleegster

testa

hoofd

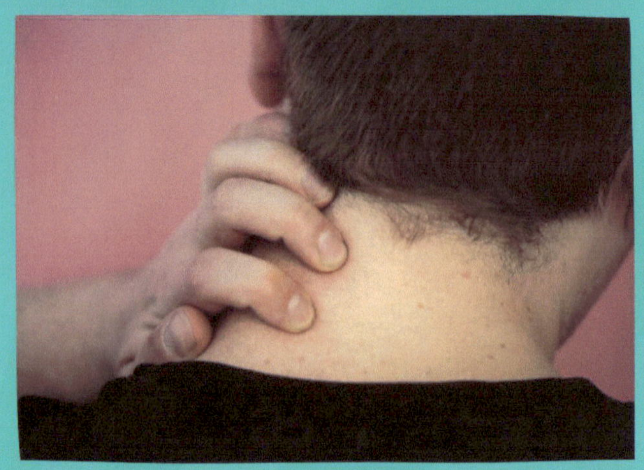

collo

nek

piede

voet

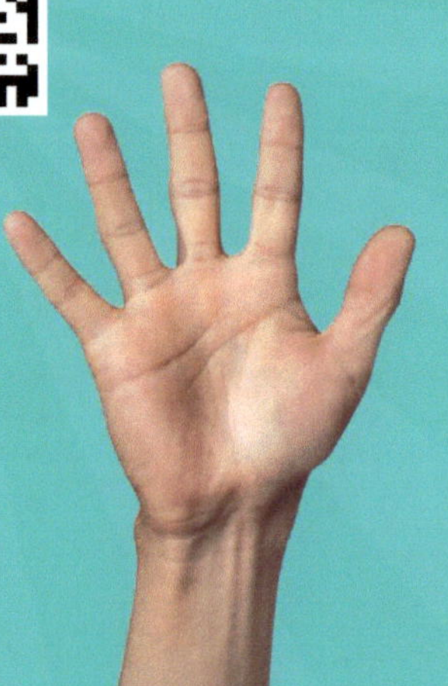

mano

hand

denti

tanden

occhio

oog

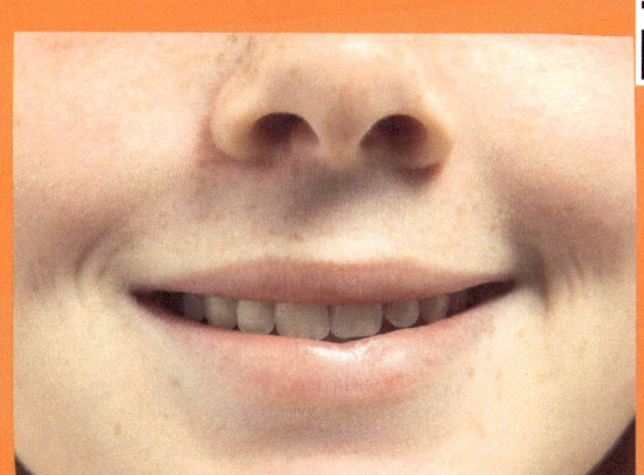

bocca

mond

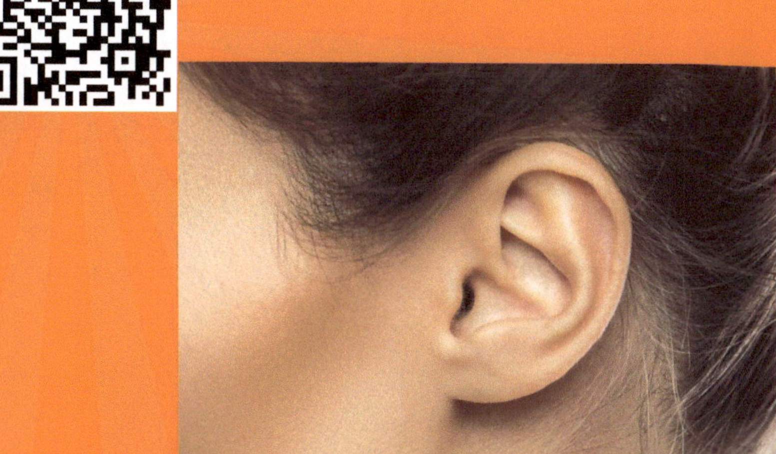

orecchio

oor

cappello

hoed

vestito

jurk

pantaloni

broek

scarpe

schoenen

cappotto

jas

sciarpa

sjaal

ombrello

paraplu

occhiali

bril

sole

zon

nuvoloso

bewolkt

piovoso

regenachtig

luna

maan